Für Claudia

Eine Fotografenfrau braucht einen eisernen Geduldsfaden.
Deiner ist aus massivem Edelstahl. Vielen Dank dafür!

Klaus-Peter Kappest

SCHWEDEN

Land zwischen Idylle und Wildnis

Tecklenborg Verlag

Inhalt

Ein Blick in die schwedische Seele

Die Spannung zwischen Idylle und Wildnis springt schon dem ins Auge, der das Land ein erstes Mal von Süd nach Nord durchquert. Am einen Ende finden wir die Idylle aus den Inga-Lindström-Filmen, die wir aus dem Autofenster heraus bewundern können, und am anderen die raue Wildnis des Sarek-Nationalparks, den nur wenige zu sehen bekommen, weil man dorthin ein paar Tage laufen muss. Einer der wichtigsten Gegensätze des Landes ist allerdings nicht ganz so augenfällig. Er begegnete mir zum ersten Mal in einer Szene, in der ich jeden Augenblick damit gerechnet habe, dass das Bild vor meinen Augen durch eine große Scheibe Knäckebrot ersetzt wird und jemand fragt: „Bist du bereit für ein ‚Bisschen' Schweden?“. Ich saß auf einem Holzsteg in einem See, auf dessen glatter Oberfläche sich der blaue Himmel und ein paar Schäfchenwolken spiegelten. Die Landschaft darum herum war weitgehend flach und grün mit ein paar Hügeln im Dunst des Horizonts. Der Mann neben mir ließ eine selbstgebastelte Fliege am Ende einer Schnur über das Wasser tanzen. Schweden eben, wie es die Werbung auch in den Köpfen jener finden kann, die noch nie dort waren. Das Einzige an dieser Szene, was Schwedenneulinge vielleicht überrascht hätte, war die Uhrzeit, zu der wir da im Norden des Landes in der Sommersonne saßen: zwei Uhr morgens, und die Sonne stand schon seit ein paar Stunden nur ungefähr eine handbreit über dem Horizont.

In einer der gut zwei Dutzend Bierdosen, die außer uns noch auf dem Holzsteg standen, muss etwas Ungewöhnliches gewesen sein, denn obwohl ich den Mann an dieser Stelle zum ersten Mal getroffen habe, versuchte er, mir das Innere seiner Seele zu erklären, was Schweden normalerweise nicht so einfach tun: „Schweden – das ist eine hochmoderne, offene und tolerante Gesellschaft voller idealer Gutmenschen, sozial, pazifistisch und ohne große Unterschiede zwischen Arm und Reich. Das ist uns sehr wichtig und darauf sind wir stolz. Zumindest an der Oberfläche ist das so. Im Inneren aber ist uns alles Neue und Fremde eigentlich höchst suspekt. Wir sind erzkonservativ und möchten, dass alles immer so bleibt, wie es ist. Aber heute bleibt nichts mehr wie es ist und das macht uns ängstlich und aggressiv – und schon ändert sich dadurch alles noch viel schneller.“

Wer Schweden verstehen will, muss diesen Gegensatz im Kopf behalten: die Idylle, die Schweden gerne wäre, in der alles so bleibt wie es ist, und die Wildnis, die sich hineindrängt. Das ist allerdings nicht die Wildnis des Sareks, die nämlich passt gut zur Idylle. Nein, es ist die Wildnis einer globalisierten Welt, die Schweden schneller verändert als manche anderen Länder Europas.

Vor fast 30 Jahren parkten wir bei einer meiner ersten Reisen nach Schweden in Säffle neben einem alten Saab. Der Fahrer hatte wegen der sommerlichen Temperaturen die Scheiben heruntergekurbelt. Bis auf eine hochwertige Spiegelreflexkamera mit Teleobjektiv auf dem Beifahrersitz war der Wagen leer. Als wir zwei Stunden später wieder in unser Auto stiegen, lag die Kamera immer noch für jeden griffbereit und sie lag mit Sicherheit auch noch da, als der Besitzer zurückkam. Kürzlich kam ich wieder einmal in die Gegend. In der Nähe von Säffle übernachtete ich auf einem Campingplatz. Der Besitzer des Platzes riet mir, nicht zu nahe am Eingang zu parken. Die vorderen Wohnmobile würden nachts manchmal überfallen. Wer sich wehrt, bekäme einen

Schlag mit einem Baseballschläger. Die Täter wären natürlich keine Schweden, sondern kämen aus dem Baltikum. Schweden verändert sich.

Trotzdem ist Schweden immer noch eines der sichersten Länder Europas. Im Vergleich geschehen hier nur wenige brutale Morde, auch wenn das abendliche Fernsehprogramm in Deutschland etwas anderes suggeriert. Als Kind war ich der Meinung, England und insbesondere London sei eines der gefährlichsten Pflaster der Welt. Die meisten mir bekannten Krimis spielten dort: Agatha Christie, Edgar Wallace, Dorothy Sayers … Jugendliche von heute denken vielleicht das gleiche über Schweden seit der Erfolgsautor Henning Mankell seinen Kriminalkommissar Kurt Wallander in Ystad ermitteln lässt und Martin Beck, Irene Huss und andere in seinem Kielwasser über den Bildschirm schwimmen. Der Erfolg von Mankells Büchern liegt meiner Meinung nach nicht in der Brutalität seiner Morde, die wenig mit der schwedischen Realität zu tun haben. Vielmehr sind es seine differenzierten Einblicke in die schwedische Seele, die immer genau das Wesentliche treffen.

Die Bilder auf den folgenden Seiten sollen einen bewussten Kontrapunkt zur depressiven Stimmung, Düsternis und Brutalität in Mankells genialen Büchern bilden – keinen Widerspruch sondern eine Ergänzung. Irgendwo dazwischen – zwischen Melodie und Kontrapunkt – findet der Leser die schwedische Seele.

Der Süden

Spuren der Geschichte

Auch in Schweden leben ehemals kriegerische Eingeborene in Reservaten – im Süden, dort wo Historiographen viel Arbeit haben und die Menschen ihre Geschichte leben.

Spuren der Geschichte

Nachbauten von Belagerungsmaschinen vor dem Schloss in Kalmar.

„Haben Sie hier im Reservat eigentlich die gleichen Rechte, wie die Bewohner im übrigen Schweden?" Ein Amerikaner richtete diese Frage an Jarl Eric, seinen Führer durch das Wikingerreservat Foteviken bei Höllviken westlich von Trelleborg. Ganz unberechtigt ist diese durchaus ernst gemeinte Frage aus seiner Sicht wohl nicht. Immerhin unterscheidet sich Jarl Eric durch seine Kleidung aus Fell und Leder, seinen struppigen Bart, die langen Haare und nicht zuletzt das Schwert am Gürtel deutlich von den Bewohnern in der Neubausiedlung Höllviken, die von Foteviken nur durch die Recyclinganlage eines Müllentsorgungsunternehmens und einen Kreisverkehr getrennt ist. Foteviken ist keine Ausgrabungsstelle und kein Museum. Das Dorf bietet all jenen eine Heimat, die dauerhaft oder auf Zeit die Lust verspüren, zu leben wie einst die Wikinger.

Mit den Wikingern ist es so eine Sache. Sie lebten mancherorts in einer Gesellschaft mit Ansätzen zu demokratischen Strukturen, die anderen Zeitgenossen höchst suspekt waren. Sie waren Freigeister, für die keine wissenschaftliche Frage Ketzerei war, was ihnen erstaunliche technische Errungenschaften brachte. Sie waren Händler und Entdecker, die weiter reisten, als ihre Zeitgenossen zu denken wagten, und die dabei zufällig Amerika entdeckten. Sie brachten eine Kunst und Literatur hervor, die in ihrem ästhetischen Niveau weit über den Produkten ihrer europäischen Zeitgenossen lagen. Das einige Schweden von heute sich gerne an die Wikinger erinnern, ist also eigentlich nicht erstaunlich. Das erstaunt nur denjenigen, der das Wikingerbild der frühen christlichen Geschichtsschreiber übernommen hat. Die haben nämlich einen Aspekt der Wikingerrealität herausgegriffen: den Umstand, dass manchmal junge Männer in Booten aufbrachen, um ihre technische und kriegerische Überlegenheit dazu zu nutzen, sich ohne Bezahlung zu nehmen, was gerade gebraucht wurde. Das war aber nicht die Regel, sondern die Ausnahme in der Wikingerkultur. Aber es war praktisch. Den christlichen Königen waren die Wikinger ein Dorn im Auge. Die Raubzüge bildeten dabei oft wohl nur einen willkommenen Vorwand, sie zu bekämpfen. Viel mehr störte es die christlichen Könige, dass die Kultur der Wikinger keine starken, zentralen Herrscher erlaubte – sie war zu frei und schon zu sehr demokratisch. Deshalb hat man in den Geschichtsbüchern ein düsteres Bild von ihnen entworfen und ihnen das Christentum eingeprügelt. Viele Elemente der Wikingerkultur blieben bei der Christianisierung auf der Strecke: die Literatur, die Wissenschaft und der Erfolg als Händler. Nur eines haben sie beibehalten: die gelegentlichen Raubzüge – jetzt natürlich im Auftrag Gottes und ihres neuen christlichen Königs.

Als die Wikinger christianisiert waren, verschwand Schweden für eine Weile aus den Nachrichten in Europa. Wer wissen will, was sie im Mittelalter trieben, außer schöne Kirchen und Burgen zu bauen, muss etwas tiefer in die Geschichtsbücher schauen und wird dort vor allem etwas über dänische Könige lesen, die dem Süden Schwedens ihren Stempel aufgedrückt haben. Nicht zu Unrecht fühlt man sich heute noch fast wie in Dänemark auf der Fahrt von Malmö nach Kalmar. Ferner gibt es einiges zu lesen über Handelsstreitigkeiten mit der Hanse und ein ständiges Gerangel um den schwedischen Thron.

Der nächste große Auftritt der Schweden in der europäischen Geschichte fällt in die Zeit der Renaissance. Uns in Deutschland hat er Begriffe wie „Schwedische Gardinen", „Schwedentrunk" und den „Alten Schweden" beschert: der Dreißigjährige Krieg und seine Folgen. Einige Schweden erinnern sich heute noch gerne an diese Zeit. Ihnen kann man bei den Renaissancetagen in Kalmar begegnen – noch ein Stück gelebte Geschichte.

Yachthafen von Smygehamn. Im südlichsten Ort Schwedens ist die Idylle perfekt. Genau diese Gegend hat sich der schwedische Autor Henning Mankell als Handlungsort für seine Kriminalromane gewählt, die wie nur wenige andere Bücher Einblicke in die schwedische Seele bieten.

Vorhergehende Doppelseite:
Die Brücke über den Örsesund bei Malmö ist mit einer Gesamtlänge von fast 8 km die weltweit längste Schrägseilbrücke für den kombinierten Auto- und Eisenbahnverkehr. Sie wurde im Jahr 2000 fertig gestellt.

Impressionen von Smygehuk, dem südlichsten Punkt Schwedens. Könnte man das Land um diesen Punkt drehen, berührte die ca. 1.600 km weiter im Norden gelegene Nordspitze bei Kilpisjärvi in Finnland die Küste Nordafrikas.

Die Bewohner des Wikingerreservats Foteviken bei Höllviken westlich von Trelleborg haben auch einen Runenstein aufgestellt. Auf solchen Gedenksteinen werden meist in der von den Wikingern entwickelten Runenschrift die Heldentaten gefallener Könige gewürdigt.

Versuche der Bewohner von Foteviken, ihr Kochgeschirr in der Art der Wikinger herzustellen.

Olav ist der Schmied und Münzhauer von Foteviken. Wer einmal wissen möchte, was es bedeutet, ein Messer erst einmal selbst schmieden zu müssen, bevor man sein Essen schneiden kann, muss be ihm in die Lehre gehen. Das wichtigste Gesetz in Foteviken lautet: alles sollte so au:hentisch wie möglich dem Vorbild aus der Wikingerzeit entsprechen – vom Haus über das Bett bis zum Essen im Topf über dem Feuer.

Schloss Trolle Ljungby östlich von Kristianstad.

Hölzerner Kirchturm aus Schonen.

Relief über dem Portal von Burg Glimmingehus bei Simrishamn.

Hier entstand das Bild von Schweden, das viele Deutsche heute im Kopf haben. Rund um ihren Heimatort Vimmerby lässt die schwedische Kinderbuchautorin Astrid Lindgren viele ihrer Romane spielen. Aus den drei Häusern im kleinen Ort Sevedstorp machte die Autorin die drei Höfe des Fantasieorts Bullerbü.

Rund um Vimmerby finden sich viele Impressionen, die Astrid Lindgrens Büchern entsprungen zu sein scheinen. Am Bahnhof von Lönneberga sitzt sogar Michel in seinem Schuppen. Hier in Schweden heißt er allerdings Emil.

Ritterspiele waren in der Renaissance eine der beliebtesten Attraktionen auf Großveranstaltungen. Bei den Renaissancetagen Anfang Juni auf Schloss Kalmar dürfen sie deshalb nicht fehlen.

Schloss Kalmar – hier kam im Jahr 1397 ein Vertrag zustande, der eine machtvolle nordische Union zwischen den Königreichen Dänemark, Norwegen und Schweden begründen sollte, die Kalmarer Union. Ratifiziert wurde der Vertrag nie. Einige dänische Könige haben versucht, ihn mit Gewalt durchzusetzen, bis schließlich Gustav Wasa 1523 unmissverständlich klar machte, dass die Schweden an diesem Vertrag kein Interesse haben. Seit seiner Zeit auf dem schwedischen Thron ist das Land unangefochten ein souveräner Staat.

Ostufer von Öland bei Saxnäs – das Wetter in den nordischen Ländern ist sehr wechselhaft. Vor Regen muss sich aber niemand fürchten. Gerade an regnerischen Tagen entstehen oft malerische Stimmungen.

Vorhergehende Doppelseite:
Yachthafen von Lickershamn auf Gotland – gerade die Westküste der Insel hüllt sich oft in Nebel, was viele Reisende schon bei ihrer Ankunft in Visby feststellen.

Wrack eines alten Fischerbootes am Rand des Naturschutzgebietes Trollwald an der Nordspitze von Öland.

Oben: Solliden bei Borgholm ist die Sommerresidenz der schwedischen Königsfamilie.

Links unten und rechts oben: Auf original erhaltenen Fundamenten aus der Eisenzeit wurde die Burg von Eketorp an der Südspitze von Öland rekonstruiert.

Rechts unten: Nicht nur in der Burg von Eketorp, sondern in vielen schwedischen Baudenkmälern trägt das Personal Kleidung aus der Entstehungszeit des Bauwerks.

8

Visby auf Gotland wurde bereits 1805 unter Denkmalschutz gestellt. Heute zählt die Stadt zum Weltkulturerbe mit allem was dazu gehört, von den kleinen Brunnen im Park (links oben) über die malerischen Häuschen (links unten) bis zum Dom St. Maria (oben), der auf das 12. Jahrhundert zurückgeht. St. Maria ist die einzige noch intakte mittelalterliche Kirche Visbys. 1525 wurde die Stadt von Truppen der Hansestadt Lübeck angegriffen und alle Kirchen bis auf die damalige deutsche Kaufmannskirche St. Maria zerstört. Von der Wikingerzeit bis 1645 als Gotland ein Teil Schwedens wurde, war die Insel oft Schauplatz blutiger Auseinandersetzungen um die Handelsvorherrschaft im Ostseeraum.

Oben: Durch dieses Stadttor von Visby auf Gotland reitet Pippi Langstrumpf in einem der Filme nach den Romanen der schwedischen Kinderbuchautorin Astrid Lindgren.

Unten: Im Mittelalter entstanden viele Kirchen in Visby, von denen heute nur noch Ruinen erhalten sind.

Rechts: Große Teile der mittelalterlichen Stadtmauer von Visby sind noch gut erhalten.

Oben: Die landschaftliche Besonderheit Gotlands und Fårøs sind die vom Meer modellierten Kalksteinformationen – Raukar genannt. Zu den bekanntesten Raukar gehören die Jungfrau bei Lickershamn auf Gotland (links oben) – so benannt nach einer alten Sage – und St. Olavs Kirche auf Fårø (links unten), benannt nach einer Kirche, die einmal in der Nähe stand, von der heute allerdings nichts mehr zu sehen ist.

Rechte Seite: Yachthafen von Lickershamn auf Gotland.

Traditionelle Landwirtschaft und alte Windmühlen gibt es auf Fårø nicht nur im Freilichtmuseum der Insel (links) sondern auch noch in den kleinen Dörfern (oben). Trotzdem lohnt sich ein Besuch des Freilichtmuseums, denn dort finden sich sehr sehenswerte Relikte der Wikingerzeit.

Am Götakanal

Von Stockholm zum Vänern

Hier sind die meisten Schweden zu Hause. Der Götakanal verbindet die beiden größten Städte des Landes: Stockholm und Göteborg. Zwischen schmucklosen Vorstädten und wuchernden Industriegebieten ist aber immer noch genug Platz für Idylle und sogar echte Wildnis.

Mondaufgang über dem Strömmen im Osten der Altstadt von Stockholm.

In meiner ersten Nacht in Stockholm habe ich unter der Brücke geschlafen. Am Söder Mälarstrand liegt genau unter der Västerbron ein praktisch gelegener Stellplatz für Wohnmobile, von dem aus man die Altstadt zu Fuß erreichen kann. Natürlich kann man auch die U-Bahn nehmen, aber der Fußweg ist interessanter. Entlang des Kais zwischen Västerbron und Centralbron liegt ein ausgedientes Schiff neben dem anderen. An jenem ersten Abend in Stockholm lief ich an anderthalb Kilometern schwedischer Schifffahrtsgeschichte entlang. Manche Schiffe an diesem Kai sind so rostig und zerfallen, dass sie vermutlich bald deutlich tiefer an der Kaimauer liegen werden. Andere sind liebevoll im Flowerpowerstil restauriert und bieten einer kinderreichen Familie ein Zuhause. Wieder andere sind in stylische Kneipen umgewandelt, die nach Sonnenuntergang die Jungmanager aus Stockholms aufstrebender Geschäftswelt anziehen.

Der Söder Mälarstrand ist kein Schifffahrtsmuseum sondern ein Querschnitt durch die schwedische Wohnkultur: Individualität und Liebe zum Alten mit idyllischer Patina auf der linken Seite und teure, neue Apartmenthäuser auf der rechten Seite. Was noch fehlt, sind die Wohnsilos der Vorstädte. Aber die sieht man reichlich auf der Fahrt nach Stockholm herein. Ich habe einmal eine Schwedin gefragt, warum sie in einem Mietshaus mit mehr als einem Dutzend Wohnungen wohnt, wo doch in Schweden so viel Platz ist, dass jeder sein eigenes kleines Häuschen haben könnte. Die Antwort war ernüchternd: „Wenn ich mal ausspannen will, fahre ich in mein Sommerhaus. Im Alltag aber ist ein Eigenheim nur lästig. Hier im Mietshaus kümmert sich jemand darum, dass der Müll verschwindet, der Schnee geräumt wird und die Heizung funktioniert. In einem eigenen Haus könnte ich zwar vielleicht billiger wohnen, aber ich müsste mich um alles selber kümmern - das wäre doch echt lästig."

Als ich das erste Mal bei einem Schweden privat zu Besuch in seiner Wohnung war, fragte ich mich, wo eigentlich der vielgerühmte hohe skandinavische Lebensstandard zu finden ist. Die Wände waren dünn, die Türen wirkten wie dicke Pappen mit wackeligen Klinken und die Armaturen im Bad waren aus Plastik. Bei genauerem Hinsehen fand ich dann allerdings einen Fernseher von einer Größe, wie er in den Achtzigern des vorigen Jahrhunderts in Deutschland noch gar nicht zu bekommen war, vier Ekornes-Stressless-Sessel, für deren Gegenwert ich mir in Deutschland damals ein kleines Auto hätten kaufen können und das Bild eines schicken Bootes an der Wand – natürlich mit neuester Navigationstechnik, einem extra starken Motor und einer Batterie von High-Tech-Angeln. Die Schweden setzen einfach andere Prioritäten in Sachen Lebensqualität.

Andere Prioritäten setzen sie auch bei der Arbeit. An einer Schleuse des Götakanals gab es jahrelang einen Lehrer aus einer ortsansässigen Schule, der in seiner Freizeit Führungen für Gäste anbot und immer wusste, wann das nächste fotogene Schiff durch die Schleusen kommt. Als er eines Tages nicht mehr da war, fragte ich den Schleusenwärter nach seinem Verbleib: „Der arbeitet jetzt in einer Konservenfabrik an der Westküste und verpackt Heringe. Er verdient da einfach besser und kann in seiner Freizeit endlich nicht nur Süßwasserfische sondern auch Hochseefische angeln." Die Schweden sind bei der Arbeit fleißig und gewissenhaft. Zum Lebensinhalt wird ihre Arbeit aber längst nicht in dem Maße, wie in Deutschland. Viele hängen nicht an einem bestimmten Beruf. Sie sind flexibler - Hauptsache das Geld stimmt.

Ein großer Teil der schwedischen Bevölkerung lebt und arbeitet in einem Gürtel links und rechts des Götakanals. Aber auch hier „wimmelt" der Schwede nicht. Befährt man per Schiff den Kanal, ist die schwedische Idylle sofort wieder perfekt.

Oben: Riddarholmen mit der Riddarholmkirche, der Grablege schwedischer Könige.

Unten: Auch das ist ein Stück schwedische Idylle: Gamla Stan – Stockholms Altstadt. Keine andere Stadt des Nordens hat so malerische Gassen.

Vorhergehende Doppelseite:
Sonnenaufgang über dem Vänern bei Hjelleskate auf Värmlands Näs. Mit einer Fläche von 5.648 km² ist er der größte See Schwedens und nach den russischen Seen Ladoga und dem Onega der drittgrößte Europas.

Ein Denkmal für den schwedischen Barockkönig Gustav III steht nicht nur am Skeppsbrokaj. Giuseppe Verdi hat ihm und der Geschichte um seine Ermordung mit der Oper „Ein Maskenball" ein weiteres Denkmal gesetzt.

Unten: Stortorget – der große Markt in Stockholms Altstadt.

Der königliche Palast am Slottskaj ist der Amtssitz, nicht aber die Wohnung des schwedischen Königs.
Das Schloss wurde nach Plänen des Architekten Nicodemus Tessin des Jüngeren zwischen 1690 und 1750 errichtet und gehört zu den bemerkenswertesten Barockbauten Skandinaviens. Teile können heute besichtigt werden.

Schloss Drottningholm – im linken Gebäudeteil (oben) wohnt die königliche Familie,
der Rest des Gebäudes und des Parks (links) ist offen für Besucher.
Ein besonderes Kleinod der Anlage ist das immer noch bespielte Barocktheater,
wo man heute weiterhin die barocke Theatermaschinerie in allen Details bewundern kann.

GÖT. KANAL
JUNO

Wenn die Juno (oben), das älteste noch in Betrieb befindliche Passagierschiff der Welt (Indienststellung 1874), über den Götakanal von Stockholm nach Göteborg fährt, muss sie einen Höhenunterschied von fast 100 m überwinden. Mit 14 Stufen ist die Schleusentreppe von Berg (links oben) die längste in einer Reihe solcher Staffeln von Schleusen. Die 58 Schleusen des Kanals (links einige Details) sind seit 1832 in Gebrauch.

GÖTA
HOTELL

Schon kurz nach seiner Eröffnung im Jahr 1832 verlor der Götakanal seine Bedeutung als Transportweg an die neu in Schweden eingeführte Eisenbahn. So wurde er schon im 19. Jahrhundert zur Touristenattraktion. Traditionshotels wie das Göta-Hotel bei Borensberg (links) bilden seither Ausgangspunkte für Kanalfahrten und Wanderungen (oben).

Die beiden Plateauberge Hunneberg (oben) und Halleberg bei Vänersborg am Südende des Vänern bieten gute Chancen, Elche in freier Natur zu beobachten (rechts).

In der Wildnisregion Risveden südlich des Vänern stehen nicht nur stattliche alte Eichen. Es gibt nur wenige Gebiete im Süden Skandinaviens, die so wildreich sind. Wer hier in der Dämmerung unterwegs ist, kann nicht nur Elche treffen, sondern häufig auch Dammwild.

Die Westküste

Von Göteborg zum Svinesund

Wo ganze Orte sich um sich selbst drehen, liegt ein Küstenabschnitt, den fast jeder Skandinavienfan schon eimal durchreist hat und den nur wenige richtig kennen – einer der schönsten Gegenden Schwedens.

Der Leuchtturm Böttö ist eines der wichtigsten Seezeichen für große Schiffe auf ihrem Weg durch die Schären nach Göteborg.

Von Göteborg zum Svinesund

„Westküste? Wo hat denn Schweden eine Westküste?" fragte mich einmal nach einem meiner Vorträge ein Zuschauer, der nach eigenen Angaben schon mehr als ein Dutzend Mal über die E6 nach Norwegen gefahren ist. Die E6 ist Segen und Fluch der Region. Ein Segen ist sie, weil die Lastwagen auf dem Weg von Göteborg nach Oslo und zu den zahlreichen dazwischen ansässigen Firmen nun nicht mehr durch die kleinen Innenstädte drängeln. Ein Fluch ist sie, weil die Touristen in Ihrer Sehnsucht nach dem Norden oft an einem der schönsten Küstenabschnitte Skandinaviens vorbeisausen.

Links und rechts der neuen Autobahn schießen Einkaufszentren mit der Grundfläche einer nordschwedischen Kleinstadt aus dem Boden. Chrom und Glas blendet die Autofahrer von den Fassaden neuer Bürogebäude, in den sich immer weiter in die Landschaft fressenden Industriegebieten. Schlägt man dann in einem Autobahnrasthof die Zeitung auf, drängt sich der Eindruck auf, dass Schweden ein wirtschaftlicher Senkrechtstarter ist. Ein gutes Beispiel dafür ist die Familie Wallenberg. Jacob Wallenberg ist einer der einflussreichsten Wirtschaftsführer Schwedens. Das deutsche Managermagazin schrieb vor kurzem über ihn und sein Imperium: „Über ihre Holding Investor AB dominieren die Wallenbergs zehn Weltkonzerne mit schwedischen Wurzeln. Ob ABB, AstraZeneca, Electrolux, Ericsson, Scania, SE Banken oder SKF – alle gehören schon seit vielen Jahrzehnten zum Einflussbereich der Wallenbergs. Keine Familiendynastie in der industrialisierten Welt beherrscht ein Land so wie die Wallenbergs ihr Schweden. Angreifer schlagen sie entschlossen zurück, wie MAN-Chef Håkan Samuelsson bei seinem gescheiterten Versuch, den Lastwagenhersteller Scania zu übernehmen, leidvoll erfahren hat." Wer hätte sich Anfang der 80er Jahre des letzten Jahrhunderts eine solche Pressemeldung vorstellen können? Die schwedische Gesellschaft verändert sich in ihren Grundfesten. Schweden ist kein Sondermodell mehr, kein „westlicher Sozialstaat". Schweden ist ein moderner Industriestaat.

Anfang der 90er Jahre des letzten Jahrhunderts erlebte Schweden eine Miniaturausgabe der weltweiten Wirtschaftskrise von 2008: faule Immobilienkredite brachten die schwedischen Banken ins Schwanken. Der Staat reagierte, wie man das von einem sozial orientierten Staat erwartet: mit Teilverstaatlichung. Die Aktion wird allgemein als Erfolg gewertet. Als „Schwedisches Modell" wird sie als Lösungsvorschlag für die Weltwirtschaftskrise 2008/2009 gehandelt. Das Modell hat aber auch seine Schattenseite: Viele Arbeitsplätze gingen in Schweden dauerhaft verloren. Steigende Arbeitslosigkeit und neue Armut bescherten Schweden neue Probleme mit Kriminalität und Drogen, die das Land zuvor nur kopfschüttelnd aus der Ferne betrachtet hatte.

Schweden verändert sich, und wer genau hinschaut, sieht selbst in den idyllischen Touristenorten der Westküste die Spuren der Veränderung. Früher waren alle Geschäfte dem Hafen zugewandt. Menschen von außerhalb kamen mit Booten in die Orte zum Einkaufen. Doch in den letzten 30 Jahren wurden die Straßen immer wichtiger. Heute kommen die Kunden mit dem Auto von der Landseite. Neue Geschäfte und Supermärkte entstehen dort, wo früher die Hinterhöfe und Viehweiden waren. Dort ist jetzt die Vorderseite, dort wird renoviert und dort sind die Leuchtreklamen. Auf der Seite zum Wasser bröckelt hingegen die Fassaden, Schaufenster sind mit Zeitungen verhangen, zugemauert und wenig später ganz verschwunden. Jahr für Jahr muss man genauer hinsehen, um noch zu erkennen, dass die Wasserseite einmal die Schokoladenseite der Orte war. In Smögen ist das etwas anders. Weil dort im Sommer die Segler vom Wasser aus als Kunden in den Ort kommen, öffnen die Geschäfte während der Saison ihre Fenster wieder wie früher in diese Richtung. Außerhalb der Saison dreht sich der Ort dann einfach um.

Vorhergehende Doppelseite:
Fisch in Dosen ist eines der wichtigsten Produkte der Schärenregion bei Kungshamn am Skagerrak.
In Klädesholm (oben und links) gibt es deshalb ein Fischkonservenmuseum. Dort erfahren wir, dass früher jedes Dorf seine kleine Fischfabrik hatte, heute gibt es nur wenige große Konzerne. Die einstmals eher ärmlichen Fischerdörfer sind heute schmuck herausgeputzte Touristentummelplätze: Marstad, Klädesholm, Skärhamn, Mollösund, Lysekil, Kungshamn, Smögen, Hamburgsund und viele mehr.
Die Saison ist kurz und beschränkt sich auf die Zeit, in der Segler in den Schären unterwegs sind. Wer die Orte still erleben will, sollte im September oder Oktober kommen.

Karlstens Festung thront über dem Küstenstädtchen Marstrand.

Um zur Uferpromenade in Marstrand zu gelangen, muss man eine Fähre nutzen. In den Schären der Westküste wird der Reisende aber noch an die alten sozialen Zeiten erinnert. Die kleinen Innlandsfähren sind hier alle kostenlos – eine angenehme Überraschung für Norwegenfans, die da anderes gewohnt sind.

Smögen ist ein malerischer Fischerort, in dem im Sommer jeder Hobbykapitän festmacht, der an Schwedens Westküste unterwegs ist. Seine mit dem Rücken an die Felswand gebauten Bootshäuser sind eines der beliebtesten Fotomotive des Landes. Ähnlich wie auf den Lofoten in Norwegen wird auch in Smögen Fisch noch immer auf traditionelle Weise durch Lufttrocknen haltbar gemacht. Der Geruch ist markant und intensiv.

Am Boots- und Gästehafen von Smögen (oben) gibt es eine Zeile kleiner Geschäfte fur Reiseandenken, Bootsbedarf und Garderobe (links). Kaum verschwinden die Segler imSeptember, verschließen stabile Bretter die Fenster der Läden bis zum nächsten Sommer.

Weit verstreut rund um die Ortschaft Tanum sind mehr als 10.000 Felsbilder in den Stein graviert. Die über 3.000 Jahre alten Zeichnungen gehören zu den wenigen verlässlichen Zeugnissen des religiösen und sozialen Lebens in der schwedischen Bronzezeit.

Von der Hochbrücke nach Smögen aus hat man einen schönen Blick nach Norden auf den Gästehafen von Kungshamn (oben) und nach Süden auf den Mondaufgang über Kungshamn (rechts). An einem stillen Oktoberabend sagte hier ein älterer Einheimischer zu mir: „Schauen Sie, wie Smögen sich um sich selbst dreht." Das war kein Anflug von Schwindel, sondern eine Beobachtung, die man in vielen alten Küstenorten Schwedens und Norwegens machen kann: die Orte drehen sich. Früher kamen die Einheimischen per Boot und ab und zu mal ein Tourist über Land. Heute kommen die Touristen per Boot, während die Einheimischen per Auto zum neuen, außerhalb gelegenen Einkaufszentrum fahren.

Dalsland

Idylle zwischen den Extremen

Zwischen Vänern und Norwegen liegt Dalsland – ein Miniaturschweden, modern und konservativ, wild und idyllisch, skurril und harmonisch – ein Landstrich zwischen den Extremen, die Schweden prägen.

Wanderritt am Ufer des Iväg bei Steneby.

Idylle zwischen den Extremen

Es ist ihr Verstand, der die Schweden mutig in die Wildnis einer neuen Zeit aufbrechen lässt, weg von der Idylle des Bekannten hin zu einer modernen Gesellschaft, neugierig auf Vielfalt und Wandel. Aber im Bauch hat so mancher Schwede sein Bullerbü, jenes Dorf aus Astrid Lindgrens Kinderbuch „Die Kinder von Bullerbü", das im kleinen Dorf Sevedstorp bei Vimmerby sein reales Vorbild hat. Und an dieser Idylle darf sich nichts, aber bitte auch gar nichts, ändern. Schweden liegt vor allem genau zwischen diesen beiden Extremen – so zeigt es zum Beispiel die Geschichte vom alten Konsum in Gustavsfors: Fährt man die Landstraße 172 von Bengtsfors nach Årjäng erscheint das Gebäude nach einer langen Fahrt durch den Wald plötzlich als erstes Haus von Gustavsfors auf der linken Seite. Schon vor Jahren hat die Handelskette Konsum einen neuen, modernen Supermarkt ein paar hundert Meter weiter nördlich gebaut. In den alten Konsum zog dann etwas ein, was die Schweden besonders lieben: Loppis. Dieses Wort kennt jeder, der schon einmal in Schweden unterwegs war. Auf wackligen Schildern – meist von Hand gemalt – lädt es Durchreisende ein, einen Stopp in einer Scheune, einer Garage oder einem alten Haus zu machen. Loppis ist Trödel und die Schweden lieben Trödel. Sauber restaurierter Trödel ist eben selbst in der modernsten Wohnung ein Anker der Kontinuität – ein Stück Idylle. Ein solches Stück Idylle dem Chaos eines Trödelladens zu entreißen und im eigenen Leben zu verankern, ist ein beliebtes Hobby der Schweden. Allerdings darf das Chaos ein gewisses Maß nicht übersteigen und leider tat es genau das im alten Konsum von Gustavsfors.

Die Farbe blätterte vom Haus, im Garten rosteten schrottreife Autos und der Laden quoll über von Sperrmüll. Die Gemeinde stellte deshalb das Schild „Willkommen in Gustavsfors" an der Landstraße erst hinter dem alten Konsum auf. Loppis ist gut, aber bitte nicht zu viel. Mangels Kundschaft ging der Laden ein. Erst verschwand der angeblich zwielichtige Besitzer, etwas später auch der Loppis. Selbst die schrottreifen Autos wurden irgendwann abtransportiert. Der alte Konsum war verkauft worden – an zwei Deutsche.

Zwei Freunde von mir – Klaus und Sven Velten - beschlossen, nach Schweden auszuwandern, um dort eine deutsche Bäckerei zu eröffnen. Sven hat sein Handwerk in einer renommierten Hamburger Vollkornbäckerei gelernt. Mit viel Liebe zum Detail haben er und Klaus den alten Konsum von Gustavsfors in ein schmuckes Café verwandelt: „Svens Kopparkittel" – den Kupferkessel. Wer nun glaubt, im Land des süßen und weichen Weißbrotes hätte deutsches Vollkornbrot keine Chance, ist im Irrtum. Zu zweit können die beiden gar nicht so viele Brote backen, wie sie verkaufen könnten. Die Handelskette Konsum hat sogar angefragt, ob sie die Konsum-Märkte von ganz Dalsland und Värmland mit Broten beliefern könnten. Da sie auf hochwertige Handarbeit setzen und keine Brotfabrik eröffnen wollen, haben Klaus und Sven abgelehnt. Die Kunden schätzen die selbst für deutsche Bäckereien außergewöhnliche Qualität und kommen sogar regelmäßig aus dem 150 km entfernten Oslo zum Broteinkauf.

Sehr viel seltener kommen die Kunden vom Nachbargrundstück. Viele Bewohner von Gustavsfors sind noch nie im Kopparkittel gewesen. Hält sie das dunkle Vollkornbrot ab oder schlicht die Tatsache, dass die Besitzer keine Schweden sind? Vielleicht von beidem etwas. Das Willkommensschild von Gustavsfors steht trotzdem heute am Ortseingang. Die meisten Bewohner von Gustavsfors sind wohl stolz auf die deutsche Bäckerei, die so etwas wie ein Aushängeschild für den Ort geworden ist. Selbst dort einkaufen würden aber einige von ihnen nicht.

Für Touristen ist der Kopparkittel inzwischen längst kein Geheimtipp mehr. Viele wissen, dass es in Gustavsfors mit das beste Frühstück Schwedens gibt. Viele fahren die Straße 172 nur des Frühstücks in Gustavsfors wegen.

Dalsland ist vor allem ein Dorado für Kanutouren (oben rechts). Die zahlreichen Seen der Region sind durch den Dalslandkanal verbunden, der heute nur noch von Kanufahrern benutzt wird und einen bequemen Übergang von einem See in den anderen bietet. Wer mehrere Tage unterwegs ist, kann sein eigenes Zelt aufschlagen wo er will, wenn der Lagerplatz nur hinreichend weit von bewohntem Gebiet entfernt ist (oben). Das garantiert das schwedische Jedermannsrecht. An beliebten Übernachtungsplätzen sind aber manchmal auch größere Unterstände bereits vorbereitet (rechts unten). Wer dort Feuerholz verbraucht, sollte vor der Weiterreise am nächsten Morgen die verbrauchten Bestände wieder auffüllen.

Das schwedische Jedermannsrecht sichert jedem das Recht zu, sich in der Natur wie der Wildnis Dalslands frei zu bewegen und zum Beispiel am Ufer des Iväg sein Lager aufzuschlagen. Nach neuer Rechtsprechung gilt dies aber ausdrücklich nur noch für unmotorisiert Reisende. Insbesondere Wohnmobiltouristen können sich nicht mehr auf das Jedermannsrecht berufen.

Schwedisches Herz

Vom Siljansee nach Jämtland

Warme, helle Nächte im Sommer und eine echte Wildnis vor der Tür – Dalarna und Jämtland sind für viele der Inbegriff Schwedens. Jedenfalls stößt man hier auf viele schwedische Symbole, wie die Dalapferdchen und die Mittsommerbräuche.

Eines der beliebtesten Fotomotive Dalarnas ist dieses Sommerhaus bei Gesunda am Südufer des Siljansees.

Vom Siljansee nach Jämtland

Langsam tropft der Sekt von der Frontlinse meiner Kamera. Der Mann mir gegenüber wischt sein Schwert sorgfältig sauber, bevor er es wieder in die Scheide steckt. In der Mittsommernacht muss man in Schweden auf Überraschungen gefasst sein. Unser Gastgeber hat gerade den Versuch unternommen, die Sektflasche mit einem alten Familienerbstück zu öffnen: durch einen kräftig und weit ausholend geführten Streich mit einem Schwert. Gösta Helldal reicht mir ein sauberes Taschentuch, um mein Objektiv zu retten.
Gösta ist seit vielen Jahren der gute Geist für alle Journalisten und Fotografen, die die Region um den Siljansee besuchen. Gösta war es auch, der uns zu der kleinen privaten Mittsommerfeier irgendwo auf Sollerön eingeladen hat.

Mittsommer ist in allen Ländern des Nordens das wichtigste Fest im Jahr. Nur zu Mittsommer sind selbst die Butiken in vielen Tankstellen geschlossen – an Heiligabend nicht. Mittsommer wird in Schweden an einem Wochenende um den 24. Juni gefeiert. „Mittsommerabend" fällt immer auf einen Freitag, entsprechend ist der Samstag danach der „Mittsommertag".

Am Siljansee beginnt eine Mittsommerfeier mit einem Umzug durchs Dorf. Die Kinder tragen Girlanden aus Birkenblättern und Blüten zum zentralen Dorfplatz. Gemeinsam schmückt man dort eine Stange, die bis zu stattliche 25 m lang sein kann. Jedes Dorf hat seine ganz eigenen Traditionen bei den Details. Auf den Spitzen mancher Stangen sitzt ein geschnitzter Hahn und wacht über das Dorf. Er muss dort oben ein Jahr ausharren, denn die Mittsommerstange wird erst kurz vor dem nächsten Mittsommerfest wieder umgelegt und vom Schmuck des Vorjahres befreit. In Våmhus steckt man dem Hahn deshalb eine Semmel auf den Schnabel, damit er das Jahr über nicht verhungert. Anschließend wird mit großem Hauruck von den Männern des Dorfes die Stange aufgerichtet. Kräftige Touristen dürfen dabei gerne mit anpacken. Danach spielt die Musik auf und Kinder tanzen um die Stange. Wer die schwedische Sprache nicht versteht, mag sich dabei etwas wundern: Kinder und Erwachsene, die um die Stange tanzen, beginnen plötzlich zu hüpfen, stecken sich die Daumen in die Ohren und wedeln mit den Händen, grunzen wie die Ferkel, wedeln mit einem nicht vorhandenen Schwanz und quieken. Was wie der Beginn des gefürchteten Mittsommerwahnsinns aussieht, ist ein altes Kinderlied mit einem dazugehörigen, genau festgelegten Tanz: små grodorna, „Die kleinen Frösche". Darin ist von lustigen kleinen Fröschen die Rede, die keine Ohren und keine Schwänze haben, und von lustigen kleinen Ferkeln, die sehr wohl Schwänze und Ohren haben.

Bis zu diesem Punkt sind gerade rund um den Siljansee viele Touristen bei der Feier mit dabei. Die werden sich vielleicht wundern, dass bisher kein einziger Tropfen Alkohol geflossen ist und dass nach dem dritten oder vierten Tanz die ganze Gesellschaft sich einfach auflöst und nach Hause geht. Richtig gefeiert wird nämlich erst anschließend im kleinen Kreis von Familie und Freunden – wie bei Gösta Helldals Freunden auf Sollerön. Alle Gäste tragen hier die traditionelle Tracht des Ortes, obwohl weit und breit kein Tourist zu sehen ist. Daran wird deutlich, dass die Trachten kein Zirkus für die Touristen sind. „Wir tragen sie, weil uns das selbst so gefällt!" sagt Gösta jedem, der sich darüber wundert. Im Zentrum der Feier steht jetzt das Smörgåsbord, ein Buffet mit allerlei warmen und kalten Leckereien aus der traditionellen schwedischen Küche. Über Kalorien sollte man an diesem Tag auf keinen Fall nachdenken. Jedenfalls bildet das Buffet eine solide Grundlage für das, was vielleicht noch im Anschluss kommt, womit wir wieder bei der Sektflasche ohne Korken und ohne Flaschenhals wären.

Oben: Mittsommerabend in Rättvik.

Unten: Sommerhaus mit Blick auf den Siljansee bei Gesunda.

Rechte Seite oben: Gewitterwolken über dem Siljansee bei Tällberg.

Rechte Seite unten: Seerosen auf dem Siljansee bei Sollerön.

Vorhergehende Doppelseite: Flåsjön an der Grenze zwischen Jämtland und Ångermannland.

Kunsthandwerk ist in Schweden sehr beliebt. Rund um den Siljansee ist die Auswahl ganz unterschiedlicher Handwerksrichtungen besonders groß. In Jobs Textildruckerei in Västanvik bei Leksand (oben) entstehen seit 1944 handbedruckte Stoffe im schwedischen Design.

Der Klassiker des Kunsthandwerks der Region ist aber das Dalapferdchen. Ursprünglich schnitzten die Väter abends am Kamin die Pferdchen als Spielzeug für ihre Kinder. Es gab sie in allen Farben (rechts unten). Die besonders beliebte rote Variante (rechts oben) brachte es dann zum Wahrzeichen der Provinz Dalarna und steht inzwischen sogar als Symbol für ganz Schweden. Noch heute werden alle Original-Dalapferdchen von Hand geschnitzt. Nach einem Bad in roter Farbe (links oben) werden sie in einer besonderen Technik bemalt, bei der mit einem Pinselstrich mehrere Farben gleichzeitig aufgetragen werden.

In Schweden steht die Maistange im Zentrum einer Mittsommerfeier, obwohl Mittsommer natürlich Ende Juni gefeiert wird. Das schwedische Wort majstången wird heute gerne mit dem deutschen Maibaum in Verbindung gebracht. Die Tradition ähnelt sich tatsächlich, das schwedische Wort ist aber nicht direkt vom deutschen Maibaum abgeleitet. In majstången steckt das heute nicht mehr gebräuchliche Verb maja, das „mit Blumen schmücken" bedeutet. Majstången ist also eine mit Blumen geschmückte Stange.

In Våmhus beginnt die Mittsommerfeier mit einem Umzug durchs Dorf.

Blumenkränze und traditionelle Trachten tragen Kinder und Erwachsene nicht den Touristen zuliebe, sondern weil es ihnen selbst so gefällt.

Volkstanzgruppe bei der Mittsommerfeier in Bonäs am Orsasee

Die Kirche von Rättvik liegt auf einer Halbinsel etwas außerhalb des Ortes (links oben). Traditionell kommen die Menschen von allen Höfen und kleinen Siedlungen in der Umgebung zum Gottesdienst in diese Kirche. Wer direkt am Siljansee wohnt, kommt mit dem Kirchenboot (oben). Aus dem Hinterland kamen die Menschen früher mit Pferd und Wagen. Da es am Siljansee im Winter empfindlich kalt werden kann, konnte man die Pferde während des Gottesdienstes nicht einfach vor der Kirche stehen lassen. Deshalb entstand rund um die Kirche in Rättvik eine kleine Siedlung von Kirchenställen (links unten). Ähnliches findet man auch in anderen alten Kirchenstädten in Mittel- und Nordschweden.

Nördlich des Siljansees beginnt die Orsa Finnmark, eine urwüchsige Wildnis, in der früher nur ein paar Holzfäller unterwegs waren. Schutzgebiete wie der Hamra-Nationalpark und der „Alte Wald“ (oben und links) bewahren heute den Urwaldcharakter der Region. Forstwirtschaft wurde hier allerdings früher durchaus betrieben. Nördlich von Orsa erinnert ein kleines Holzfällermuseum an diese Arbeit (rechts unten). Am Rande des Hamra Nationalparks stehen auch noch ein paar alte Wassermühlen (rechts oben) und erinnern an eine andere Art der Nutzung der Kräfte der Natur.

In Schwedens Wäldern lebt noch eine stattliche Zahl Braunbären. Eine Bedrohung für Wanderer bilden sie aber nicht. Die Bären gehen dem Menschen so weiträumig aus dem Weg, dass man in freier Natur bestenfalls mal eine Bärenhöhle in einem alten Ameisenhaufen zu sehen bekommt (links unten). Wer die Tiere selbst sehen möchte, besucht am besten den Bärenpark Orsa Grönklitt (oben). Die Gehege dort sind so groß, dass man bei der Beobachtung der Bären fast den Eindruck gewinnen könnte, sie befänden sich in freier Natur (rechts).

Oben: Sommerhaus in den Wäldern Jämtlands – der nächste Nachbar wohnt 15 km entfernt.

Rechte Seite: Jamtli, das Freilichtmuseum von Östersund, zeigt einen bunten Querschnitt durch die Holzarchitektur der Region. Außerdem sind in diesem Museum interessante Funde aus der Wikingerzeit zu sehen.

Grenzland

Vom Bottnischen Meerbusen nach Kilpisjärvi

Nördlich von Stockholm kommt zunächst Grenzwertiges auf den Tisch, bevor mit dem Muoniojoki eine echte Grenze erreicht ist. Je nach Geschmack haben dort die Finnen und Schweden die Gelegenheit, ihre Gemeinsamkeiten oder Unterschiede deutlich zu machen.

Brücke über den Muoniojoki, den Grenzfluss zwischen Schweden und Finnland.

Die Spezialität der Hohen Küste – ein Küstenabschnitt am Bottnischen Meerbusen schon einige hundert Kilometer nördlich von Stockholm – ist für die einen eine Delikatesse und für die anderen eher Sondermüll. Wie so oft liegt die Wahrheit irgendwo dazwischen. Der Hering, den man vor dieser Küste fängt, wird ausgenommen, gewaschen und nur mit ein wenig Salz eingedost. Zur echten Konservierung reicht das nicht aus. Nach ein paar Wochen beginnt, was die einen Fermentierung nennen und die anderen Verwesung. Wenn auch Deckel und Boden der Dose von selbst eine hübsche, runde Form bekommen haben, ist sie „reif", um geöffnet zu werden. Dem geneigten Gourmet weht aus der Dose dann ein „würziges" Aroma entgegen, das irgendwo zwischen dem Müll eines Fischmarkts angesiedelt ist, den die Stadtreinigung eine Woche lang vergessen hat wegzuräumen, und einer toten Maus im Keller. Meine Frau würde den Inhalt dieser Dose nicht einmal in unserer Mülltonne dulden, aber der sogenannte „Saure Strömling" hat Fans in aller Welt, die zum Genuss dieser kulinarischen Besonderheit den weiten Weg bis an Schwedens Hohe Küste auf sich nehmen. Böse Zungen behaupten, der ganze Kult um den Surströmming bilde nur eine Ausrede, um nach dem Verzehr mit reichlich Hochprozentigem nachzuspülen. In der Internet-Enzyklopädie Wikipedia finden sich die folgenden beiden Anekdoten zum Surströmming: „In Deutschland verteilte zu Weihnachten 1981 eine Mieterin im Treppenhaus Surströmmingtunke. Ihr wurde fristlos gekündigt. Das Landgericht Köln bestätigte die Kündigung, nachdem in der mündlichen Verhandlung eine Dose Surströmming geöffnet wurde (LG Köln v. 12. Januar 1984 – 1 S 171/83, WM 1984, Seite 55). Außerdem ist der Transport der Surströmmingdosen wegen möglicher Explosionsgefahr auf Flügen von British Airways und Air France ausdrücklich verboten." Zu dieser kulinarischen Spezialität mag man stehen, wie man will, landschaftlich ist die Hohe Küste zweifellos einer der schönsten Flecken Schwedens.

Nach dem grenzwertigen Essen beginnt in Haparanda eine echte Grenze zwischen Schweden und Finnland. Hier treffen Schweden und Finnen unmittelbar aufeinander und haben reichlich Gelegenheit, ihre Hassliebe auszuleben. Die zwiespältige Beziehung der beiden Nationen geht weit zurück. Schließlich war Finnland lange Zeit eine Provinz des schwedischen Imperiums. Läuft ein Eishockeyspiel im Fernsehen, wird der Fluss zu einer echten Frontlinie. Wird eine Ehe zwischen Partnern von verschiedenen Ufern des Flusses geschlossen, ist das ein so besonderes Ereignis, dass man in Pello dafür eigens ein Volksfest unter dem Titel „Querheiraten" ins Leben gerufen hat. Fragt man allerdings die Bewohner beiderseits des Flusses, was sie von denen auf der jeweils anderen Seite unterscheidet, fallen die Antworten sehr dürftig aus. Alle sind sich sicher, dass man auf der anderen Seite vollkommen anders „tickt", aber worin sich das äußert, wissen die wenigsten genau zu benennen. Hier zwei der etwas skurrilen Antworten:

Ein Schwede über die Finnen: „Die sind doch gerade erst im modernen, technischen Zeitalter angekommen. Während wir schon lange Hochtechnologie produzieren – ich denke da an Volvo, Saab und all die anderen Firmen – kommt die sogenannte Hochtechnologie aus Finnland von einer Firma, die eigentlich Gummistiefel herstellt." (Gemeint ist Nokia, eine Firma, die tatsächlich lange Zeit vor allem Gummistiefel hergestellt hat.)

Ein Finne über die Schweden: „In Schweden hat jeder den Geschmack einer Schwangeren. Die Schweden mischen Zucker ins Brot und legen Fisch auf den Kuchen." (Gemeint ist eine Smörgåstårta, eine pikante Torte, die auch Fisch enthalten kann).

Wo im Sommer die Mitternachtssonne scheint, herrscht im Winter Polarnacht. Die Sonne geht dann genau so lange nicht mehr auf, wie sie im Sommer nicht untergeht. Das heißt aber nicht, dass es im Norden Schwedens im Winter vollkommen finster wäre. Etwas Dämmerung gibt es täglich, und wenn die Sonne im Februar wieder aufgeht, ist das die beste Zeit für Hundeschlittenfahrten (oben). Der Hundeschlitten ist jedoch kein traditionelles Fortbewegungsmittel Skandinaviens. Früher wurden die Schlitten hier von Rentieren gezogen. Da sich Hunde vor dem Schlitten besser dirigieren lassen, werden Rentiere in Nordschweden fast nur noch als Schlachttiere gehalten (rechts oben).

Schwedisch Lappland

Zwischen Arvidsjaur und Kiruna

Abseits der Küste ist der Norden Schwedens geprägt von einer vollkommen anderen Kultur: der Kultur der Sami – mit eigener Sprache, eigener Tradition und ganz eigenen Problemen.

Ein Flickenteppich aus Seen und Inseln prägt die Landschaft um den Aussichtsberg Galdesbuovdda bei Arjeplog.

Zwischen Arvidsjaur und Kiruna

Die Sami gehören zu den rentierzüchtenden Nomadenvölkern, die am Rande der Arktis auf allen Kontinenten leben. Sie sind ein Mix aus jener Urbevölkerung, die nach der letzten Eiszeit vor über 10.000 Jahren an der Küste Norwegens entlang bis an den Rand des Eismeers vorgedrungen ist, und einer Art „Vorhut der Finnen" aus Zentralasien. Den Ausdruck „Lappen" empfinden sie als Schimpfwort. Den Touristen begegnen sie in ihren bunten Trachten, wenn sie entlang der Straßen Handwerkskunst verkaufen oder Rentiere zum Fototermin vorführen. Sie sind die Aushängeschilder für ein einfaches, naturverbundenes Leben und haben heute ein eigenes Parlament in Schweden. Ihre Minderheitenkultur wird staatlich stark gefördert. Sie genießen viele Privilegien, wie das Fahren von Motorschlitten in Nationalparks, höhere Quoten für die Jagd oder das Lachsfischen mit Netzen. Aber wo Privilegien sind, gibt es auch Neid. Gepaart mit alten Vorurteilen führt er zu Spannungen. Auf der Suche nach einer samischen Rentierfarm bei Arjeplog fragte ich einmal einen schwedischen Bauern am Straßenrand nach dem Weg. Er erklärte mir, die Farm könne ich nicht verfehlen, sie sei dort, wo der meiste Unrat im Wald läge und es grausig stinke, faulig wie die Menschen, die dort leben. Das muss aber nicht heißen, dass dieser Bauer ein rechtsradikaler Betonkopf war. In der großen Welt der Politik ist er wahrscheinlich auf die moderne schwedische Gesellschaft mit ihrem vorbildlichen Minderheitenschutz ebenso stolz wie die meisten anderen Schweden. In der kleinen Welt seiner unmittelbaren Nachbarschaft sind aber in seinen Augen zufällig die Sami die Schandflecke in der Landschaft.

Auf der gesuchten Rentierfarm – übrigens einem der saubersten und ordentlichsten Höfe der Gegend – habe ich dann unter anderem gefragt, welcher Ort in Schweden die größte Samisiedlung sei. Die Antwort ist sehr einfach: Stockholm. Nirgends in Schweden wohnen so viele Sami wie am Rande Stockholms. „Am Rande" ist dabei nicht unbedingt nur geografisch zu verstehen, sondern vor allem sozial. Unter den Alkohol- und Drogensüchtigen ist der Anteil der Sami sehr viel höher als im Bevölkerungsdurchschnitt, und schon scheint sich so manches Vorurteil zu bestätigen. Rechtlich haben die Sami heute die gleichen Chancen wie alle anderen Bewohner Schwedens. Schranken gibt es nur in den Köpfen – auf beiden Seiten. Einige kommen gut klar, viele nicht. Woran liegt das?

Eine mögliche Antwort darauf hat mir eine alte Samifrau in einem Zelt gegeben. Zum Fototermin im Lavvu – dem alten Nomadenzelt der Sami – trug sie ihre blaue Tracht mit roten und gelben Borten. Sie erzählte mir, dass sie mit 11 Jahren zum ersten Mal in ihrem Leben ein festes Haus gesehen hat. Während des Fototermins klingelte ihr Handy. Nach einem kurzen Gespräch verschickte sie schnell ein paar SMS, wobei ihr Daumen mit einer Geschicklichkeit über die Tastatur flog, wie ich sie sonst nur bei Teenagern erlebt habe. Sie hat ihren Weg in einem Nomadenzelt begonnen und ist schließlich in der modernen Gegenwart angekommen. Wir Deutschen haben uns für den Weg von der Torfhütte zum Handy 1.500 Jahre Zeit genommen. Von den Sami wird erwartet, diesen Weg innerhalb eines Menschenlebens zu gehen. Was eine solche abrupte Konfrontation mit den „Segnungen" westlicher Zivilisation für eine andere Kultur bedeutet, können wir überall auf der Welt erleben. Es überrascht uns allerdings, wenn wir in Schweden erleben, dass es das auch in Europa gibt und dort ausgerechnet in dem Land, das ein Vorbild für Modernität, Toleranz und Minderheitenförderung ist. Mit starker Unterstützung von vielen Seiten wird die samische Kultur wahrscheinlich überleben – anders als so manche andere ursprüngliche Kultur auf dieser Welt. Viele Sami haben allerdings ihre Kultur verlassen ohne in der schwedischen anzukommen.

Die Landschaft Lapplands ist geprägt von Bergen, die in der Sprache der Sami tunturi genannt werden, und Seen, jaur genannt, wie der Stor-Blåsjön nördlich von Gäddede (oben) und der Storjuktan westlich von Sorsele (rechts).

Vorhergehende Doppelseite:
Im Kultsjön in Süd-West-Lappland spiegelt sich das ganz im Hintergrund gelegene, 1.560 m hohe Marsfjäll.

Fluß heißt in der Sprache der Sami jokk oder joki,
hier der Stekenjokk auf dem Borgafjäll.

Das Sanitätshäuschen auf dem Borgafjäll ist nicht zur Versorgung von Blasen sommerlicher Wanderer gedacht. Im Winter geht eine Motorschlittenloipe hier vorbei. Vor allem die Touristen überschätzen bei diesem Fahrzeug oft ihre eigenen Fähigkeiten und brauchen dann ein Sanitätshäuschen.

Erst Ende Juni beginnt die kurze Vegetationsperiode auf den Fjälls, den langgezogenen Bergrücken an der schwedisch-norwegischen Grenze.

Viele Rentiere ziehen auch heute noch wie Wildtiere das ganze Jahr über durch ihren natürlichen Lebensraum. Nur extrem selten sind es jedoch echte Wildrene. Nahezu alle Tiere – vor allem solche, die den Menschen in ihrer Nähe dulden – sind Nutztiere. Sie gehören meist samischen Rentierzüchtern. In der traditionellen Rentierzucht erlaubt man den Tieren allerdings, ihrem Instinkt folgend von den Bergen in die Wälder und zurück zu wandern.

Ursprünglich war der Mittelpunkt der Samikultur eine Naturreligion mit Elementen des Schamanismus. Im Bestreben territoriale Ansprüche im Norden Skandinaviens zu festigen, haben Schweden und Russen Missionare in den Norden geschickt, um die Sami zur jeweiligen Staatsreligion der beiden Mächte zu bekehren. Noch heute erkennt man die Ausdehnung ihrer Einflusssphären an der Zugehörigkeit der Sami zu unterschiedlichen Bekenntnissen. Die meisten Sami im Norden Schwedens und Nordwestfinnlands bekennen sich heute zum evangelisch-lutherischen Glauben, während im Nordosten Finnlands und in Russland die finnisch-, bzw. russisch-orthodoxe Kirche zu finden ist. Die ersten Kirchen in Lappland waren einfache Blockhäuser, wie heute noch in Fatmomakke zu sehen (rechts unten). Um sie herum entstanden die ersten festen Siedlungen Lapplands, die Kirchendörfer, die nur zu kirchlichen Feiertagen bewohnt waren (rechts oben). Im Zentrum einiger dieser Kirchendörfer wurden später große Kirchen gebaut, wie 1902 in Arvidsjaur (oben). Parallel entstanden aus den Kirchendörfern einige der heutigen Städte Lapplands.

In älteren Kirchendörfern wie Fotmomakke (oben) haben die festen Häuser noch exakt die Form des samischen Nomandenzeltes Lavvu. Jüngere Bauten gleichen dann eher den Rauchstuben des schwedischen Mittelalters, wie in Arvidsjaur (unten).

Das wichtigste Werkzeug des Sami-Schamanen war die Zaubertrommel. Die meisten Trommeln wurden von den christlichen Missionaren zerstört. Einige wenige original erhaltene sind heute in einem Museum in Jokkmokk zu sehen. Heute dürfen die Trommeln wieder gebaut werden. Lotta Svensson führt auf ihrer Rentierfarm Båtsuoj nördlich von Slagnäs gerne den Gebrauch der Trommel vor.

Nur noch 10% der Samibevölkerung leben hauptberuflich von der Rentierzucht. Trotzdem gehören vielen Sami ein paar Tiere, die in lockeren Verbänden den größten Teil des Jahres frei durch Wald und Gebirge streifen. Im Sommer werden alle Rentiere eines Zuchtgebietes in einen großen, runden Pferch getrieben, wie hier auf dem alten Grubengelände Rackejaurgruvan bei Malå. Während die Rentiere hektisch im Kreis laufen, stehen ihre Besitzer in der Mitte, das Lasso bereit in der Hand. Sie beobachten, ob eine ihrer Rentierkühe ein Kalb führt. Diese Kälber werden dann mit dem Lasso herausgefangen und markiert. Jeder erwachsene Sami hat seine individuelle Ohrmarke, die er dem Kalb verpasst.

Wolken von Stechmücken können im Sommer einen Besuch des Nationalparks Stora-Sjöfallet beschwerlich machen (oben). Wenn sich Anfang September aber die Blätter färben (links) sind die Mücken tot. Deshalb ist das die schönste Zeit für Wanderungen, nicht zuletzt hinüber in den angrenzenden Sarek-Nationalpark.

Ein privater Verein aus Arvidsjaur bietet im Sommer Ausflugsfahrten mit einem Dampfzug von Arvidsjaur nach Slagnäs an. Die Lok wird liebevoll in Handarbeit gepflegt (ganz unten). Unterwegs hält der Zug bei gutem Wetter auf freier Strecke an (unten), um den Reisenden und dem Personal die Möglichkeit zu geben, im nahegelegenen See zu baden und ein paar Würstchen zu grillen.

Eine besonders schöne Jahreszeit für einen Besuch in den Nationalparks Sarek, Stora-Sjöfallet und Padjelanta (oben) ist der beginnende Herbst, wenn Blaubeeren (links oben) und Preiselbeeren (links unten) reif sind, wenn die Bärentraube (links Mitte) für ein intensives Rot sorgt und selbst über den flachen Seen (rechts) keine Mücken mehr unterwegs sind.

Eine der bekanntesten Attraktionen im winterlichen Nordschweden ist das Eishotel von Jukkasjärvi bei Kiruna (oben). Es wird jedes Jahr im November von Grund auf neu entworfen und von Eiskünstlern aus aller Welt gebaut. Die Eiskapelle – gerne für Hochzeiten genutzt – sieht jedes Jahr anders aus (rechts oben). Jedes Hotelzimmer wird von einem anderen Künstler entworfen. Alle Einrichtungsgegenstände und Dekoelemente sind aus Eis (ganz rechts unten und Mitte). Auch die Betten sind aus Eis (rechts). Allerdings liegen Matratzen und Rentierfelle darauf, so dass man hier wirklich übernachten kann.

Über Nikkaluokta erhebt sich der 1.340 m hohe ķievrraĹohkka, ein Vorberg des Kebnekaise, des höchsten Bergs in Schweden. Durch dieses Gebiet führt einer der schönsten Abschnitte des Kungsleden, des beliebtesten Fernwanderwegs in Schweden.

Unten: Dezember im Norden Schwedens: In Kiruna geht Mitte Dezember die Sonne nicht mehr auf. Die Temperaturen können auf unter -40 °C fallen. Feine Schneekristalle frieren sofort am Heck eines Wagens auf dem Weg nach Nikkaluokta fest.

Linke Seite unten: Am 13. Dezember wird in ganz Schweden St. Lucia gefeiert, hier in der Kapelle des Eishotels in Jukkasjärvi. Heute wird in jedem Ort Schwedens mindestens ein Mädchen, meistens eines mit langen, blonden Haaren, zur Lucia gewählt. Mit einer Kerzenkrone, einem weißen Gewand und einer roten Schärpe nimmt sie den ganzen Tag über mit ihrem Gefolge an zahlreichen Veranstaltungen teil. Nur einige davon sind kirchlicher Natur.

Tourentipps/Fotografisches

Tourentipps

Schweden ist groß und leer. Könnte man es um seine Südspitze drehen, berührte die ca. 1.600 km nördlich gelegene Nordspitze die Küste Nordafrikas. Der Statistik können wir entnehmen, dass in Schweden auf einem Quadratkilometer ungefähr 20 Menschen leben, aber das ist natürlich Augenwischerei. Im Süden sind es sehr viel mehr und im Norden wohnt auf den meisten Kilometerquadraten überhaupt niemand. Wer die Idylle liebt, bleibt im Süden, wer mehr für die Wildnis ist, fährt in den Norden. Schweden bietet eben für fast jeden Geschmack etwas. Hier ein paar Ausflugstipps nach Geschmacksrichtungen sortiert: (In dieser Aufstellung habe ich darauf verzichtet, die schönsten Orte und Landschaften Schwedens, die ohnehin bereits im Buch erwähnt sind, noch einmal aufzuführen. Die Liste umfasst Besuchenswertes, was eine Anmeldung erfordert, Eintritt kostet oder aus anderen Gründen einen vorherigen Blick ins Internet ratsam erscheinen lässt, und was in Reiseführern eher selten zu finden ist. Deshalb sind jeweils auch die dazugehörigen Internetadressen aufgeführt. Zum Zeitpunkt der Drucklegung dieses Buches waren sie aktuell. Für ihre weitere Aktualität kann natürlich keine Gewähr übernommen werden.)

Für Wikinger: Den lebendigsten Einblick in die Kultur der Wikinger bietet das Wikingerreservat Foteviken westlich von Trelleborg. (www.foteviken.se)

Für Mittelalterfans: Anfang August öffnet in Visby auf Gotland einer der größten Mittelaltermärkte Europas. Nicht nur Mittelalterfans aus ganz Europa leben in dieser Woche das Mittelalter, sondern auch viele der Bewohner Visbys. Für eine Woche schwebt die Insel zwischen Vergangenheit und Gegenwart. (www.medeltidsveckan.se)

Für Adrenalinjunkies: Nicht nur in Neuseeland kann man sich einen besondern Adrenalinschub holen. Das Dalsland-Aktivitätszentrum in Steneby bietet neben Kletterkursen und Wanderritten auch eine der längsten Ziplines Europas.
In einem Klettergeschirr wird man dort auf einem Hügel an ein Drahtseil gehängt und saust dann ungebremst hinunter ins Tal und auf der anderen Seite einen kleineren Hügel wieder hinauf. Auch darüber hinaus ist das Dalsland-Aktivitätszentrum immer wieder für Überraschungen gut. (www.dalslandsaktiviteter.se)

Für Tierbeobachter: Viele deutsche Auswanderer bieten heute besondere Erlebnisse für Reisende an. In Hamra, am Rande des gleichnamigen Nationalparks nördlich des Siljansees, hat der Tierfilmer Hilmar Wichmann einen alten Hof als Unterkunft für Naturfotografen und -filmer ausgebaut. Neben verschiedenen anderen Angeboten bietet er die besten Unterstände für Aufnahmen von balzenden Birkhähnen in freier Natur an. Hilmar kann auch den

Kontakt zu einer weiteren deutschen Auswanderin herstellen, die ganz in der Nähe Exkursionen zum Thema Braunbären organisiert. (www.wichmann-schweden.de)

Wer nicht die Zeit hat, in einem Ansitzzelt auf Tiere in freier Natur zu warten, findet nördlich des Siljansees auch zwei Gehege, die besonders fotografenfreundlich angelegt sind: den Järvzoo, der alle wesentlichen nordischen Tierarten zeigt, und den primär auf Bären spezialisierten Park Orsa Grönklitt. Der Bärenpark bei Orsa zeichnet sich durch besondere Anstrengungen aus, die Lebensbedingungen der Bären im Gehege ihren natürlichen Bedürfnissen so nahe wie möglich zu bringen. Weltweit einmalig ist das vor allem mit Blick auf das besonders großzügig bemessene Eisbärengehege, dass unter anderem über eine Kunstschneemaschine verfügt. (www.orsagronklitt.se/svenska/orsa-bjornpark_718 und www.jarvzoo.se)

Für Freunde fremder Kulturen: Einen fundierten Einblick in die traditionelle und gegenwärtige Kultur der Sami bietet Båtsuoj, die Rentierfarm der Familie Svensson. Sie ist zu finden an der Straße von Slagnäs nach Arjeplog. Wer sich vorher anmeldet, bekommt ein traditionelles, samisches Essen und kann stilvoll übernachten. (www.safeinherit.net/GreenTourismNet/Companies/Batsuoj/Batsuoj-en.htm)

Ein weiteres gutes Ziel für an der Samikultur interessierte Reisende ist Jokkmokk. Im dortigen Samimuseum Ájtte sind einige der wenigen gut erhaltenen Zaubertrommeln zu sehen, die noch wirklich von Schamanen benutzt wurden. Und Anfang Februar findet jedes Jahr in der Stadt ein bunter Samimarkt statt mit einem besonders vielseitigen Kulturprogramm. (www.ajtte.com und www.jokkmokksmarknad.com)

Für Partyfreunde: Ein objektiver Unterschied zwischen Schweden und Finnland ist die Zeit. Finnland ist Schweden immer eine Stunde voraus und daraus lässt sich so mancher Vorteil ziehen. Wer am Muniojoki zwischen Haparanda und Kilpisjärvi wohnt, kann zum Beispiel jedes Jahr zwei Mal Silvester feiern: erst in Finnland und eine Stunde später hundert Meter weiter westlich in Schweden. Um keine der beiden beteiligten Sprachen und Nationen zu übervorteilen, heißt diese Art der Silvesterfeier auf „Neuschwedisch" und „Neufinnisch" gleichermaßen „Do it twice Party", sehr beliebt auch bei Touristen, die ihren Winterurlaub irgendwo zwischen Schweden und Finnland verbringen. (www.fintouring.de)

Fotografisches

Die Vorlagen für die Bilder dieses Buches sind – mit wenigen Ausnahmen – analoge Originaldias. Als Filmmaterial habe ich überwiegend den Fuji Velvia mit 50 ASA verwendet. Nur in Ausnahmefällen kam der Kodak VS 100 mit 100 ASA zum Einsatz. Für drei Viertel der Aufnahmen verwende ich meine Lieblingskamera, die Leica M6 TTL und Objektive mit fester Brennweite zwischen 24 und 135 mm. Die Spiegelreflexkamera kommt nur zum Einsatz, wenn ich ein besonders langes Teleobjektiv benötige, ein Makroobjektiv oder ein besonders starkes Weitwinkel. Ich verwende dann eine Leica R8 und wiederum vorwiegend Objektive mit fester Brennweite zwischen 15 und 560 mm.

Besonders gerne benutze ich das 2.8/24 mm Objektiv für die M-Kamera und das 2/180 mm Objektiv für die R-Kamera. Wo immer möglich fotografiere ich vom Stativ aus, auch mit der M-Kamera. Nur wenige Aufnahmen sind mit digitaler Technik entstanden. Auch digital fotografiere ich überwiegend mit dem M-System, also gegenwärtig mit der Leica M8. Benötige ich eine Spiegelreflexkamera, statte ich eines meiner R8-Gehäuse mit einem Digitalmodul-R aus.

Unabhängig davon, ob einzelne Aufnahmen nun analog oder digital aufgenommen wurden, garantiere ich dafür, dass keines der Bilder in diesem Buch manipuliert wurde.